BEI GRIN MACHT SICH IHR WISSEN BEZAHLT

- Wir veröffentlichen Ihre Hausarbeit,
  Bachelor- und Masterarbeit

- Ihr eigenes eBook und Buch -
  weltweit in allen wichtigen Shops

- Verdienen Sie an jedem Verkauf

Jetzt bei www.GRIN.com hochladen und kostenlos publizieren

Bibliografische Information der Deutschen Nationalbibliothek:

Die Deutsche Bibliothek verzeichnet diese Publikation in der Deutschen National-
bibliografie; detaillierte bibliografische Daten sind im Internet über http://dnb.d-
nb.de/ abrufbar.

Impressum:

Copyright © 2016 GRIN Verlag, Open Publishing GmbH
Druck und Bindung: Books on Demand GmbH, Norderstedt Germany
ISBN: 9783668411180

Dieses Buch bei GRIN:

http://www.grin.com/de/e-book/355040/die-force-de-frappe-aussenpolitisches-
instrument-ausdruck-der-macht

Tim-Maximilian H. M. Jedlitschka

Die "force de frappe". Außenpolitisches Instrument, Ausdruck der Macht und Faktor der Entwicklung Frankreichs

GRIN Verlag

GRIN - Your knowledge has value

Der GRIN Verlag publiziert seit 1998 wissenschaftliche Arbeiten von Studenten, Hochschullehrern und anderen Akademikern als eBook und gedrucktes Buch. Die Verlagswebsite www.grin.com ist die ideale Plattform zur Veröffentlichung von Hausarbeiten, Abschlussarbeiten, wissenschaftlichen Aufsätzen, Dissertationen und Fachbüchern.

Besuchen Sie uns im Internet:

http://www.grin.com/

http://www.facebook.com/grincom

http://www.twitter.com/grin_com

„FORCE DE FRAPPE" - AUSSENPOLITISCHES INSTRUMENT, AUSDRUCK DER MACHT UND FAKTOR DER ENTWICKLUNG FRANKREICHS

TIM-MAXIMILIAN H. M. JEDLITSCHKA

Neunkirchen am Sand, 2016

INHALTSVERZEICHNIS

1. „FRANKREICH, DIE PRINZESSIN DES MÄRCHENS" - ANNÄHERUNG AN DE GAULLES AUSSENPOLITISCHE ÜBERZEUGUNGEN UND ZIELSETZUNG DER SEMINARARBEIT

„Zeit meines Lebens begleitet mich eine bestimmte Vorstellung vom Wesen Frankreichs. Das Gefühl hat sie mir ebenso eingegeben wie der Verstand. Was in mir an Gemütskräften lebendig ist, sieht Frankreich wie die Prinzessin des Märchens oder die Madonna an der Kirchenwand"[1] Oft genug liegt der Fokus politischer Diskussionen auf der Frage, welche Ziele internationale Staatenlenker verfolgen und mit welchen Mitteln sie diese zu erreichen gedenken, insbesondere auch deshalb, weil viele historische Begebenheiten und Entscheidungen den weiteren Verlauf der Geschichte und spätere Generationen maßgeblich beeinflusst haben. Welche außenpolitische Konzeption Charles de Gaulles obiger pittoresker Vergleich vor dem Hintergrund des Aufbaus der „force de frappe" beschreibt, also, welche außenpolitische Funktion sie darstellt, sowie die dabei von ihm angewandten Spielarten der Macht und die Auswirkungen dieses Ereignisses auf die Entwicklung Frankreich, soll diese Seminararbeit analysieren. Hierbei liegt das Augenmerk darauf, zu untersuchen, welche Eckpfeiler der gaullistischen außenpolitischen Sichtweise der Aufbau und die Existenz der „force de frappe" repräsentieren. Bei zweitgenanntem Aspekt, der Analyse der von de Gaulle angewandten Formen der Macht, soll eine Einordnung in das von Prof. Dr. Joseph S. Nye Jr. entwickelte „Hard-Soft-Smart-Power-Gefüge" Anwendung finden, indem typische Kennzeichen der beiden erstgenannten Arten der Macht innerhalb der gaullistischen außenpolitischen Führung Frankreichs nachgewiesen werden und die letztliche Art der Umsetzung von Zielen de Gaulles bezüglich weltpolitischen Angelegenheiten einer Machtform zugeordnet wird. Schlussendlich setzt sich diese Seminararbeit zum Ziel, Antworten auf die Frage zu finden, inwiefern der Aufbau der „force de frappe" Frankreich verändert und bis heute geprägt hat.

---

[1] Woyke 2010, S. 40.

2. ANALYSE - „DIE ‚FORCE DE FRAPPE' - AUSSENPOLITISCHES INSTRUMENT, AUSDRUCK DER MACHT UND FAKTOR DER ENTWICKLUNG FRANKREICHS"

2.1. BEGRIFFSKLÄRUNG - „FORCE DE FRAPPE"

Catrin Dams schreibt in ihrer Vorbemerkung zur „Entwicklung der Force de Frappe", wörtlich übersetzt bedeute „force de frappe" Schlagkraft und werde als Symbol für die Doktrin der nuklearen Militärstrategie Frankreichs unter der Präsidentschaft Charles de Gaulles angesehen, die zur damaligen Zeit von drei verschiedenen Komponenten geprägt gewesen sei: die „forces aériennes stratégiques" (luftgestützte Streitkräfte), die „force océanique stratégique" (seegestützte Streitkräfte), als auch landgestützte Streitkräfte.[2]

2.2. AUSSENPOLITISCHES INSTRUMENT

2.2.1. VERTEIDIGUNG UND ABSCHRECKUNG

„Wenn Rußland uns angreift, sind wir Ihre Verbündeten und Sie die unsern. Aber in diesem wie in jedem anderen Konfliktfall wollen wir unser Schicksal, das vor allem davon abhängt, ob wir atomaren Geschossen zum Opfer fallen oder nicht, in der eigenen Hand halten. Folglich brauchen wir etwas, das jeden denkbaren Angreifer davor zurückschrecken läßt, den Schlag gegen uns auf unserem Boden zu führen, und das setzt voraus, daß er weiß, daß wir das auch tun werden, ohne irgendeine Genehmigung von außen abzuwarten. In einem Kampf zwischen West und Ost habt Ihr Amerikaner zweifellos die Mittel, den Gegner auf seinem Territorium zu vernichten. Aber er besitzt seinerseits das Nötige, um euch auf eurem Territorium in Stücke zu fetzen. Wie sollen wir Franzosen nun die Gewißheit haben, daß Sie sich [...] in eine Situation begeben, wo der Tod auf Sie herniedergeht, selbst wenn Sie mit dem letzten Atemzug noch die Hoffnung verbinden können, das[s] russische Volk werde zur gleichen Zeit seine Seele aushauchen? Der Umkehrschluß trifft übrigens ebenfalls zu, so daß die Abschreckung für Rußland wie für Amerika wirklich existiert. Aber sie existiert nicht für die jeweiligen Verbündeten. Was hinderte denn die beiden daran, das zu zermalmen, was zwischen ihren Lebensnerven liegt, das heißt im Wesentlichen das europäische Schlachtfeld? [...] Zu allem übrigen wäre in einem solchen Fall aus vielen geographischen, politischen und strategischen Gründen gerade Frankreich in erster Linie zum Sterben verurteilt, wie zwei Weltkriege bereits zur Genüge bewiesen haben. Also besteht es darauf, sich eine Überlebenschance zu erhalten, wie immer die Gefahr geartet sein möge und woher sie auch komme"[3]

---

[2] vgl. Dams 2005, S. 5.

[3] Woyke 2010, S. 46.

Bei der Analyse dieses Briefs lassen sich einige verteidigungspolitische Grundlagen erkennen, die das Konzept der Außenpolitik de Gaulles prägen: Der Präsident verdeutlicht Dwight D. Eisenhower seine Sorge, die geografische Lage Frankreichs könnte seinem Land zum Verhängnis werden, da es sich zwischen den beiden konkurrierenden Supermächten USA und UdSSR befinde und somit im Falle eines atomaren Kriegs direkt in einer durch das Wettrüsten mit interkontinentalen Nukleargeschossen konstruierten Gefahrenzone läge. De Gaulle spricht hier explizit von einem *„europäischen Schlachtfeld"*, das die *„Lebensnerven"* der Vereinigten Staaten und der Sowjetunion trenne. Diese dramatisch-metaphorische Rhetorik wird durch die Verwendung des Verbs *„zermalmen"* unterstützt, welches in diesem Zusammenhang dem Bild der Ost-West-Spannungen einen für nicht direkt beteiligte Staaten durchaus brutalen Charakter verleiht. In Folge der für de Gaulle evidenten Gefährdung durch *„geografische, politische und strategische Gründe"* definiert er die Eröffnung von Möglichkeiten zur nationalen Verteidigung, um *„sich eine Überlebenschance zu erhalten"*, als logische Pflicht. Er nennt in diesem Brief nicht direkt die Atomkraft als Mittel der Wahl, doch schließt seine hypothetische Konstruktion von nuklearen Angriffen dies mitnichten aus. Auf diesen Brief folgt die Entstehung der „force de frappe", deren Grundlage die folgende gaullistische Annahme, die unter dem Begriff der „stratégie du faible au fort"[4] zusammengefasst wird, war:

> *„Dans dix ans, nous aurons de quoi tuer 80 millions de Russes. Eh bien je crois qu'on n'attaque pas volontiers des gens qui ont de quoi tuer 80 millions de Russes, même si on a soi-même de quoi tuer 800 millions de Français, à supposer qu'il y eût 800 millions de Français"[5]*

De Gaulle geht somit davon aus, dass auch ein unter dem Aspekt der Schlagkraft theoretisch stärkerer Gegner atomare Angriffe unterlassen würde, sofern er mehr zu verlieren hätte.[6] Infolgedessen wird die „force de frappe" zuweilen auch „force de dissuasion"[7] (Abschreckungskraft) genannt.

---

[4] ebd.

[5] Jourdier 2015.

[6] vgl. Patterson 1966, S. 30.

[7] Woyke 2010, S. 45.

<u>Zwischenfazit</u>: De Gaulle sieht Frankreich zwischen den Fronten der nuklearen Supermächte USA und UdSSR und zieht die logische Konsequenz, Mittel zur nationalen Verteidigung zu schaffen, um jedwede Gefahr, die Frankreich bedrohen könnte, abzuwehren und will mit dieser sogenannten „force de frappe“ jene Verteidigung unabhängig von militärischen Akten auch durch Abschreckungskraft erreichen.

Schlüsselelemente: Verteidigung und Abschreckung

2.2.2. „GRANDEUR“ UND UNABHÄNGIGKEIT

Am 15. Februar 1963 hielt Charles de Gaulle an der Ecole militaire folgende außen- und verteidigungspolitische Rede:

„[...] A présent, la réalisation des armements nucléaires vient à son tour apporter un bouleversement complet dans ce qui est la sécurité et, par conséquent, dans ce qui est la politique des États, et cela dès le temps de paix. A plus forte raison serait-ce le cas en temps de guerre. L'imagination elle-même ne parvient pas à embrasser quelles seraient les conséquences de l'emploi des armes nucléaires, sinon pour savoir que, de toutes les façons, cet emploi entraînerait une subversion totale dans la société des hommes. Nous savons tous que les capacités intrinsèques des armes atomiques sont telles, en effet, que le peuple qui en sera victime, même s'il ne s'agit que d'un emploi restreint, subira, sinon la mort, tout au moins un drame inouï, même si ce peuple-là, en même temps qu'il recevra les bombes, parvenait à anéantir l'adversaire qui les lui aurait lancées.

Dans ces conditions, il est évident que, pour un pays, il n'y a pas d'indépendance imaginable s'il ne dispose pas d'un armement nucléaire, parce que, s'il n'en a pas, il est forcé de s'en remettre à un autre, qui en a, de sa sécurité et, par conséquent, de sa politique. [...]

Pour la France, à qui sa situation géographique, sa raison d'être historique et sa nature politique interdisent la neutralité, pour la France qui, d'autre part, n'entend pas remettre son destin en propre à un étranger, si amical qu'il puisse être, il est absolument nécessaire qu'elle ait de quoi agir dans la guerre, autrement dit un armement atomique. [...]"[8]

De Gaulle spricht die letale Kraft atomarer Waffen an, nennt ihre enormen Auswirkungen, die die *„Umstülpung von ganzen Gesellschaften"* und den *„Tod von Völkern"* bedeuten können. Diesen Ausführungen lässt der Präsident seine Auffassung folgen, Frankreich könne *„sein Schicksal nicht in die Hände eines anderen"* legen und müsse *„im Krieg handlungsfähig sein"*, was zur logischen Folge den Aufbau einer nationalen Atomkraft habe. Diese von ihm angesprochenen Punkte ließen sich ebenfalls dem Element der oben genannten Verteidigungspflicht zuordnen, doch nennt Charles de Gaulle überdies auch das Argument, es sei einem Land nicht möglich, ohne nukleare Streitkräfte die eigene Unabhängigkeit zu bewahren. Mangele es an Autarkie, so de Gaulle, sei es unumgänglich, *„seine Sicherheit und folglich seine Politik in die Hände eines anderen zu geben"*, was er im weiteren Verlauf der Rede, wie bereits angesprochen, ablehnt. Infolgedessen lässt sich an dieser Rede ein weiterer Kerngedanke gaullistischer Vorstellungen bezüglich der französischen Außenpolitik erkennen: Unabhängigkeit

Oftmals wird ebenjener Begriff der Unabhängigkeit mit dem Terminus „grandeur" in Verbindung gebracht, Catrin Dams spricht in diesem Zusammenhang auch von *„grandeur et indépendance"*[9]. De Gaulle selbst meint in „Mémoires de guerre": *„Bref, à mon sens, la France ne peut être la France sans la grandeur"*[10], was Dams wiederum in einen Kausalzusammenhang mit der Notwendigkeit des Verfügens über eigene Nuklearwaffen bringt. Frankreich sei laut ihr Ende der 1950er und Beginn der 1960er in eine *„Unterrangigkeit"* bezüglich der weltpolitischen Rolle geraten, die General de Gaulle mithilfe einer eigenen Atomstreitmacht zu überwinden gedachte.[11]

---

[8] O.A. O.J.(a).

[9] Dams 2005, S. 20.

[10] O.A. O.J.(b).

[11] vgl. Dams 2005, S. 21.

Tony McNeill von der Universität Sunderland fasst den Gedanken wie folgt zusammen: *„De Gaulle had a vision of a Europe that would rival the great superpowers - une troisième suerpuissance".*[12] Die gaullistische Annahme war an dieser Stelle, Frankreich solle die führende Rolle innerhalb jenes Europas einnehmen.[13] US-Präsident John F. Kennedy und der britische Premierminister Harold Macmillan kreierten die Idee einer *„Vierte[n] Atommacht NATO"*[14] unter dem Namen MLF, die de Gaulle allerdings als *„nuclear farce"*[15] bezeichnete, da er *„befürchtete, dass die bereits existierende Dominanz der beiden Nuklearstaaten [USA und Großbritannien] auch in der MLF zu tragen kommen würde und Frankreich [...] eine weniger bedeutende Rolle tragen würde[n]"*[16]. Als Teil der Strategie „grand design" John F. Kennedys sollte die MLF *„den europäischen Atlantikmitgliedern das Gefühl der atomaren Teilhabe verschaffen, ohne dass die Amerikaner bereit waren [...], ihre atomare Verantwortung zu teilen"*[17]. Insofern entspricht die Idee einer „Vierten Atommacht NATO" der Überzeugung de Gaulles, es bedürfe einer „troisième superpuissance" neben den Vereinigten Staaten und der Sowjetunion, jedoch widerspricht die Dominanz der USA, die im Übrigen durch einen amerikanischen Oberkommandierenden weiter gestärkt worden wäre[18], diametral der gaullistischen Vorstellung, Frankreich solle jene führende Rolle übernehmen. Folglich zeigt der unabhängige Aufbau der „force de frappe" den Anspruch des französischen Staatspräsidenten, die Außenpolitik nach der Idee der *„grandeur française"*[19] zu gestalten.

---

[12] Dams 2005, S. 21.

[13] vgl. Dams 2005, S. 21.

[14] Woyke 2010, S. 48.

[15] Dams 2005, S. 21.

[16] Dams 2005, S. 21.

[17] Woyke 2010, S. 48.

[18] ebd.

[19] Woyke 2010, S. 42.

Zwischenfazit: Aufgrund der enormen Gefahren und der tödlichen Macht der atomaren Kräfte sieht de Gaulle das Verfügen über eigene Nuklearwaffen als wichtiges Mittel, um bezüglich atomarer Auseinandersetzungen die nationale Unabhängigkeit zu gewährleisten. Er befürwortet den Aufbau einer dritten (europäischen) Großmacht neben den Vereinigten Staaten von Amerika und der Sowjetunion unter der Führung Frankreichs, akzeptiert keine dominante Stellung der USA und zeichnet durch den alleinigen Aufbau der „force de frappe" das Bild einer „grandeur française".

Schlüsselelemente: „Grandeur" und Unabhängigkeit

2.2.3. SCHUTZ DURCH ANDEUTUNGEN

Im Übrigen sieht Catrin Dams auch die vorgesehene Zugehörigkeit der Bundesrepublik Deutschland zur MLF als Grund für die ihr gegenüber ablehnende Haltung de Gaulles.[20] Der SPIEGEL berichtet 1965 ebenso von einer *„Abneigung gegen einen kleinen deutschen Finger am Atom-Drücker"*[21]. Ein Bericht, der den Aufbau der „force de frappe" und die Ablehnung der MLF de Gaulles aus sowjetischer Sicht betrachtet, spricht von Sichtweisen innerhalb der UdSSR, die über eine *„nuclear collusion"* zwischen Bonn und Paris klagen.[22] Gleichzeitig nennt er jedoch auch das Ziel de Gaulles, Frankreich vor einer *„deutschen Wiederauferstehung"*[23] zu bewahren und schließt sich in dieser Aussage Dams und der Aussage des Artikels des SPIEGELs an. Trotz aller Ablehnung gegenüber einer militärischen Wiedererstarkung der BRD nutzte de Gaulle amerikanische und britische Ängste vor einer nuklearen Kooperation zwischen Frankreich und Westdeutschland durch Drohungen einer solchen Zusammenarbeit, um selbst nukleare Unterstützung seitens Großbritanniens und der Vereinigten Staaten daraus zu ziehen, da diese zwei Staaten befürchteten, Frankreich würde sich der BRD

---

[20] Dams 2005, S. 22.

[21] O.A. 1965, S. 63.

[22] vgl. Wolfe 1965, S. 6.

[23] ebd.

zuwenden, sollten sie jene Hilfeleistung mittels Atomwaffen nicht bieten.[24] Infolgedessen lässt sich an de Gaulles Haltung gegenüber der MLF ein weiterer Eckpunkt seiner außenpolitischen Konzeption erkennen: **Schutz** Frankreich verhindert eine deutsche Beteiligung an Atomwaffen durch den Schritt des alleinigen Aufbaus der „force de frappe", lässt gleichzeitig jedoch die Vereinigten Staaten und Großbritannien denken, er könne einer bilateralen Zusammenarbeit mit der Bundesrepublik in Nuklearfragen positiv gegenüberstehen und sichert sich hiermit atomare Unterstützung seitens beider Länder.

Zwischenfazit: General de Gaulle nutzt amerikanische und britische Ängste von einer von ihm angedeuteten Zusammenarbeit mit der BRD in Nuklearfragen, um atomare Unterstützung von ihnen zu erhalten.

Schlüsselelement: Schutz durch Andeutungen

2.2.4. US-AMERIKANISCHE UNTERSTÜTZUNG DURCH „TRIGGER"-FUNKTION

Aus einem Bericht des United States Army War College geht außerdem hervor, dass die Vereinigten Staaten zur damaligen Zeit den Aufbau der „force de frappe" mit dem Ziel de Gaulles, eine unabhängige Möglichkeit zur Auslösung eines US-Atomschlags auf die Sowjetunion zu schaffen, in Verbindung setzen. Die „force de frappe" würde als „trigger" dienen, um durch einen französischen Erstschlag die UdSSR dazu zu veranlassen, den Westen ebenfalls nuklear zu attackieren, da sie nicht zwischen französischem und US-amerikanischem Arsenal unterscheiden könne.[25] An dieser Stelle wird Timothy W. Stanley, damaliger Berater des US-Verteidigungsministers Robert McNamara, zitiert:

„Indeed, it is this blackmail potential against the United States which the French tacitly rely upon to compensate for the unilateral ineffectiveness of their national forces in relation to a major power like the Soviet Union"[26]

---

[24] vgl. Mahan 2002, S. 80f.

[25] vgl. Patterson 1966, S. 31.

[26] Patterson 1966, S. 31.

Stanley spricht hier gar von einem „*Erpressungspotential*" Frankreichs gegenüber den USA, weswegen die „force de frappe" im Übrigen nicht nur als militärisches Mittel, sondern auch als Drohinstrument angesehen werden kann. Er bezeichnet die nukleare Macht Frankreichs jedoch als „*ineffektiv*", was dazu führe, dass sich die französische Regierung mithilfe der „force de frappe" auf die Vereinigten Staaten verlasse. Folglich würde Frankreich einen Atomkrieg zwischen dem Westen und der Sowjetunion provozieren, wobei sich sowjetische Angriffe nicht nur auf französisches Territorium konzentrieren würden. Gründe für ein solches Vorgehen seitens der französischen Regierung gehen aus dem US-Bericht nicht hervor, zudem bleibt fraglich, ob die Nutzung der „force de frappe" als „trigger" tatsächlich einen Grund für ihren Aufbau und damit auch Säule der außenpolitischen Konzeption de Gaulles darstellt, da im in diesem Bericht konstruierten Fall eines Atomkriegs Frankreich doch im bereits zitierten „*Schlachtfeld Europa*"[27] liegen würde und infolgedessen Gefahr liefe, „*zermalmt*"[28] zu werden, was de Gaulle offensichtlich fürchtete. Der General nannte als Grund für die Notwendigkeit des Aufbaus der „force de frappe" unter anderem die Möglichkeit, im Falle eines externen Angriffs angemessen militärisch reagieren zu können. Insofern stellt sich die Frage, ob die französische Regierung dazu bereit wäre, einen Atomkrieg zu provozieren und sich damit selbst zu nuklearer Vergeltung zu zwingen. Laut des Berichts habe es auch nie eine Äußerung seitens der de Gaulle-Administration gegeben, die eine Nutzung der „force de frappe" als „trigger" als in Betracht zu ziehendes Mittel genannt hätte.[29] Wichard Woyke wiederum führt den Gedanken einer „trigger-Funktion" weiter und spricht die Befürchtung de Gaulles an, „*dass [...] die Verteidigungsbereitschaft der USA für Europa nachlassen könnte*"[30]. Somit würde die „force de frappe" weniger als „trigger" zur Provokation eines Atomkriegs dienen, wie der bereits genannte Bericht der US-Regierung meint, sondern eher als „trigger" zu atomaren Verteidigungsschlägen seitens der Vereinigten Staaten, sollte die Sowjetunion den Westen attackieren. Frankreich könnte sich der Unterstützung der USA sicher sein, da diese sofort in eine mögliche nukleare Auseinandersetzung zwischen dem Westen und der UdSSR

---

[27] Woyke 2010, S. 46.

[28] ebd.

[29] vgl. Patterson 1966, S. 31.

[30] Woyke 2010, S. 45.

involviert wäre aufgrund der bereits angesprochenen mangelnden Unterscheidungsmöglichkeiten zwischen französischem und amerikanischem Arsenal.[31] Diese Ansicht entspricht überdies auch einem der Aspekte des sowjetischen Blickpunkts.[32]

Zwischenfazit: Die „force de frappe" wäre in der Lage, einen Atomkrieg zwischen dem Westen und der Sowjetunion auszulösen und garantiert überdies Frankreich nukleare Unterstützung seitens der USA, da diese in einer atomaren Auseinandersetzung mit der UdSSR sofort involviert wäre.

Schlüsselelement: US-amerikanische Unterstützung durch „trigger"-Funktion

2.3. AUSDRUCK DER MACHT

2.3.1. BEGRIFFSKLÄRUNG - „SOFT POWER", „HARD POWER", SMART POWER"

SOFT POWER
Der Begriff „Soft Power" wurde von Prof. Dr. Joseph S. Nye Jr., dem ehemaligen Dekan der Harvard Kennedy School - John F. Kennedy School of Government geprägt und beschreibt eine *„Form der Machtausübung von Staaten und politischen Akteuren über andere Staaten und Gesellschaften"[33]*. Laut Nye liegen die entscheidenden Ressourcen der Soft Power außerhalb der Kontrolle einer Regierung und ihre Auswirkungen hängen vor allem von der Akzeptanz der von jener Machtausübung Betroffenen ab.[34] Sie setze vorwiegend auf *„Überzeugungsarbeit und Attraktion"[35]*, sei *„die Fähigkeit, andere mit kooptiven Mitteln zu beeinflussen, durch Agendasetting, Überredungskunst oder die Verabreichung positiver Anreize mit*

---

[31] vgl. Patterson 1966, S. 31.

[32] vgl. Wolfe 1965, S. 5f.

[33] Große Hüttmann O.J.

[34] vgl. Nye 2004, S.89.

[35] Nye 2011, S. 15.

dem Ziel, gewünschte Ergebnisse zu erzielen[36] und ermögliche folgende politische Entscheidungen durch eine *„wahrgenommene Legitimität politischen Handelns"*[37].

HARD POWER
Der Begriff „Hard Power" wurde ebenfalls entscheidend von Prof. Dr. Nye geprägt und nennt hierfür *„Zuckerbrot und Peitsche"*[38] als entscheidendes Prinzip. Nach seiner Auffassung seien *„Zahlungen"* (Zuckerbrot) und *„Gewalt"* (Peitsche) typische Mittel der Hard Power, um *„Agendapunkte zu bestimmen"*[39], wobei das Spektrum durch *„Zwang"*, *„Drohung"* und *„Sanktion"* komplettiert werde.[40] Die Bundeszentrale für politische Bildung nennt überdies auch militärische Macht als Ressource für Hard Power.[41]

SMART POWER
Der Terminus „Smart Power" ergebe sich laut Nye aus einer sinnvollen und damit effektiven Kombination von Soft Power und Hard Power. Er meint, weiche und harte Macht seien in der Lage, einander zu verstärken oder auch zu beeinträchtigen, weswegen Smart Power die ausgewogene Verteilung von Ressourcen beider Spielarten der Macht beschreibe, um bestimmte (politische) Strategien möglichst reibungsfrei umzusetzen.[42]

---

[36] Nye 2011, S. 49.

[37] Nye 2011, S. 50.

[38] Nye 2011, S. 49.

[39] ebd.

[40] vgl. Nye 2011, S. 49.

[41] vgl. Große Hüttmann O.J.

[42] vgl. Nye 2011, S. 48.

2.3.2. NACHWEIS VERSCHIEDENER SPIELARTEN DER MACHT AM AUFBAU UND DER EXISTENZ DER „FORCE DE FRAPPE"

2.3.2.1. NACHWEIS VON MERKMALEN DER SOFT POWER

Ein SPIEGEL-Artikel von 1959 beschreibt die damalige gaullistische Sicht auf die weltpolitische Szenerie im Bezug auf internationale nukleare Machtpositionen wie folgt: *„Ohne eigene Atomrüstung [...] muß Frankreich in wenigen Jahren aus der Reihe der ‚großen Vier' ausscheiden und sich damit begnügen, als treuer Vasall im Kielwasser der amerikanischen Weltmacht zu segeln"*[43]. Zweifelsohne beschreibt de Gaulle die Rolle Frankreichs im weltweiten sicherheitspolitischen Gefüge sehr negativ, bezeichnet sein Land gar als Untergebenen der amerikanischen Großmacht. Diese Rhetorik will die Adressaten jener Aussage, also das französische Volk, auf den gaullistischen Kurs trimmen, Frankreich sei ohne Atomwaffen kein Platz unter den „großen Vier" mehr vergönnt. Auch Catrin Dams erinnert daran, dass der General in seinen öffentlichen Reden oftmals die traumatischen Erlebnisse des 2. Weltkriegs ansprach und aus ihnen folgerte, eine Wiederholung derer sei nur durch eigene atomare Bewaffnung zu verhindern. Diese Aussagen hätten dazu geführt, dass sich die „force de frappe" schnell als Teil des französischen Selbsverständnisses etabliert hätte.[44] Was sich aus der Rhetorik de Gaulles als auch aus seinem Bezug zu traumatischen Erinnerungen folgern lässt, ist seine Absicht, Überzeugungsarbeit zu leisten, um die Unterstützung des französischen Volkes für den Aufbau der „force de frappe" zu erhalten. Er nennt Vorteile, die dieses Projekt mit sich brächte (Verhindern einer Wiederholung der Ereignisse des 2. Weltkriegs) und setzt positive Anreize, indem er die „force de frappe" als Schlüssel zum Verbleib innerhalb der „großen Vier" definiert. Diese genannten Elemente, die den Stil der gaullistischen Kommunikation mit den Bürgern prägen, sind typische Kennzeichen der Soft Power.

---

[43] O.A. 1959, S. 43.

[44] vgl. Dams 2005, S. 19.

2.3.2.2. NACHWEIS VON MERKMALEN DER HARD POWER

Die Entwicklung der Atomwaffen Frankreichs fand vorwiegend in Französisch-Polynesien, außerhalb der „France métropolitaine", statt.[45] De Gaulle selbst sprach von einem großen Dienst, den Polynesien dem französischen Mutterland leiste und den dieses sehr zu schätzen wisse, da Polynesien die Organisation beherberge, die Frankreich den Frieden sichern solle,[46] doch Bewohner dieser Region vertraten eine andere Sichtweise. Hiro Tefaarere, Gründer der Gewerkschaft „A Tia i Mua", drückte sich wie folgt aus: *„Die Entscheidung von General de Gaulle, uns ungefragt die Atomtests aufzuzwingen, hat das hiesige Volk umgebracht. Wir gehören zu den wenigen Völkern in der Welt, zu den wenigen Zivilisationen, die einen Riesensprung machen mussten, vom Fischer-Kanu direkt ins Atomzeitalter - im Laufe einer einzigen Generation"[47]*. Die stolze und dankbare Rhetorik des Generals weicht einer Anklage ihm gegenüber. Tefaarere spricht davon, de Gaulle habe seinem Volk die Atomtests „aufgezwungen". Zwang ist ein deutliches Indiz für die Anwendung von Hard Power. Bei der Betrachtung des Aufbaus der „force de frappe" auf einer übergeordneten Ebene, also nicht der Mittel zur Umsetzung dieses Vorhabens, sondern der Funktion der „force de frappe" an sich, fällt auf, dass diese selbst als Instrument zur Ausübung von Hard Power angesehen werden kann. Zweifelsohne ist sie Teil der französischen Militärstrategie und stellt ein enormes Waffenarsenal zur Verfügung, das, wie bereits angesprochen, auch zur Verteidigung gegen feindliche Angriffe genutzt werden kann. Zudem lässt sich auch ihre Funktion als Drohmittel - durch sie ist es der französischen Regierung möglich, eine atomare Auseinandersetzung zwischen dem Westen und der Sowjetunion, der sich die Vereinigten Staaten nicht entziehen könnten,[48] zu provozieren - eindeutig der Hard Power zuordnen.

---

[45] vgl. Dams 2005, S. 11.

[46] vgl. Krause 2016.

[47] ebd.

[48] vgl. Patterson 1966, S. 31.

2.3.2.3. DIE „FORCE DE FRAPPE" ALS VERTRETER EINER SMART POWER-STRATEGIE

Insgesamt betrachtet lässt sich folgender Schluss ziehen: Während des Aufbaus der „force de frappe" und auch zu Zwecken ihrer Legitimation nutzte Charles de Gaulle klassische Elemente der Soft Power (insbesondere im öffentlichen Diskurs), beruft sich jedoch auch in geringem Maße Mittel der Hard Power (diese allerdings eher auf non-kommunikativer Ebene zu Zwecken ihres tatsächlichen Aufbaus in Französisch-Polynesien). Zugleich ist der Charakter der „force de frappe" durchaus typisch für ein Element der Hard Power. Schlussendlich lassen sich ebendiese Elemente der Strategie der Smart Power unterordnen, die Charles de Gaulle bei der Umsetzung seiner außenpolitischen Konzeption verfolgte: Soft Power ermöglicht den Aufbau der „force de frappe", sie selbst entspricht der Hard Power, um die übergeordneten Ziele der gaullistischen außenpolitischen Grundüberzeugungen, die bereits an früherer Stelle erläutert wurden, zu verfolgen, beziehungsweise im Falle des Falls (Bsp.: Verteidigung des französischen Staatsgebiets) auch durchzusetzen.

2.4. FAKTOR DER ENTWICKLUNG FRANKREICHS

De Gaulle äußerte bereits 1958 in einem Brief an US-Präsident Dwight D. Eisenhower und den britischen Premierminister Harold Macmillan, die NATO entspreche laut seiner Auffassung nicht den Bedürfnissen Frankreichs, er begrüße eher eine Zusammenarbeit zwischen ausschließlich den Vereinigten Staaten, Großbritannien und Frankreichs. Diese jedoch lehnten beide Adressaten vehement ab. Ein Treffen mit Eisenhowers Nachfolger John F. Kennedy veranlasste de Gaulle, Frankreich aus dem militärischen Bereich der NATO austreten zu lassen, da dieser ihm zu verstehen gab, er wäre nicht gewillt, Frankreich in die Diskussion über nuklearpolitische Fragen einzubeziehen und lehne den Aufbau einer eigenen französischen Atomstreitmacht ab. Dennoch blieb eine bilaterale Zusammenarbeit zwischen Frankreich und der NATO bestehen, die vorsah, dass Frankreich im Falle des Falls an der Seite der NATO kämpfen würde.[49] Der 1957 gegründeten Europäischen Atomgemeinschaft, die die *„Entwicklung der Kernenergie, vor allem in den Bereichen Verbreitung der Kenntnisse, Gesundheitsschutz, Versorgung der*

---

[49] vgl. Dams 2005, S. 23f.

Gemeinschaft und Überwachung der Sicherheit"[50] fördern wollte, trat Frankreich ebenfalls nicht bei. De Gaulle präferierte, bezüglich dieser Themen unabhängig zu arbeiten.[51] Auch der „Vertrag zum Verbot von Nuklearwaffentests in der Atmosphäre, im Weltraum und unter Wasser" wurde von Frankreich nicht ratifiziert, da de Gaulle befürchtete, seine Bemühungen in der Entwicklung von nuklearen Waffen hätte hierdurch behindert werden können.[52] An diesen Entscheidungen seitens der de Gaulle-Administration lässt sich eindeutig ein Kurs der Isolation erkennen, der Frankreich vor allem vom größten Militärbündnis der Welt, der NATO, entfernte. Dies ist ein Kurs, der von Nicolas Sarkozy 2009 mit dem vollständigen Wiedereintritt endgültig gestoppt wurde. Bei einer Befragung des französischen Volkes zu jener Entscheidung stellte sich allerdings heraus, dass die Bedenken de Gaulles auch heute noch die Einstellung der Franzosen im Bezug auf die internationale Rolle Frankreichs beeinflussen: Die Umfrage ergab, dass weite Teile der Bevölkerung die Meinung vertraten, die dominante Rolle der Vereinigten Staaten würde die Souveränität Frankreichs einschränken.[53] Was die „force de frappe" als allgemeinen Teil der französischen Streitkräfte betrifft, sei angemerkt, dass die Nachfolger de Gaulles zumeist der Ansicht waren, sie diene als Mittel der Abschreckung dazu, die Sicherheit und Unabhängigkeit des Landes zu sichern.[54] Es lässt sich eine gewisse Kontinuität in der außenpolitischen Konzeption ausgehend von de Gaulles Grundpfeilern erkennen, doch ist von der „force de frappe" als Instrument der Verteidigung Frankreichs keine Rede. François Mitterand und Jacques Chirac verfolgten jeweils die Prinzipien „non-guerre" und „non-emploi" im Bezug auf die nuklearen Sprengköpfe, was bedeutet, dass die Atomwaffen lediglich dazu dienen sollten, einen Krieg zu verhindern und niemals verwendet werden sollten.[55] Dies ließe sich als Bruch mit der gaullistischen Auffassung, sie wären ebenfalls ein Mittel der Verteidigung, bezeichnen, würde sich jedoch in den Gedanken der Abschreckungsfunktion einreihen. Der aktuelle US-Präsident Barack H. Obama

---

[50] Dams 2005, S. 32.

[51] vgl. Dams 2005, S. 32.

[52] ebd.

[53] vgl. Petersen 2013.

[54] vgl. Dams 2005, S. 16.

[55] vgl. Dams 2005, S. 15.

kündigte bereits 2009 an, sich für eine Welt ohne Atomwaffen einsetzen zu wollen. Dieses Ziel wurde auch im Abschlussdokument der Überprüfungskonferenz des Vertrags über die Nichtverbreitung von Kernwaffen festgehalten.[56] Frankreich hat überdies den Atomwaffensperrvertrag unterzeichnet, der vorsieht, dass die fünf Atommächte USA, Russland, Frankreich, Großbritannien und China kein atomwaffenfähiges Material und dementsprechende Technologien an weitere Staaten liefern dürfen. Zudem verpflichten sie sich, eigene Nuklearwaffen vollständig abzurüsten.[57] Am 19. Februar 2015 äußerte sich jedoch der amtierende französische Staatspräsident François Hollande zur aktuellen nuklearpolitischen Situation Frankreichs. Er bezifferte die Anzahl der Atomwaffen auf etwa 300 und meinte, die atomare Abrüstung stehe für Frankreich nicht zur Debatte, sah die Funktion der Abschreckung als Grundpfeiler der Atomstreitmacht seines Landes und vertrat die Meinung, Frankreich müsse in der Lage sein, eventuellen Gegnern unter anderem auch militärischen Schaden zufügen zu können, um den Schutz für das französische Volk zu gewährleisten,[58] was zur Folge hat, dass jene Grundgedanken de Gaulles der Abschreckung und Verteidigung auch in der heutigen französischen Außen- und Sicherheitspolitik eine Rolle spielen. Die vorgesehene Abrüstung wird es während der Präsidentschaft Hollandes nicht geben.

---

[56] O.A. 2015(a).

[57] O.A. O.J.(c).

[58] O.A. 2015(b).

3. ZUSAMMENFASSUNG DER ERGEBNISSE UND AUSBLICK AUF DIE ZUKUNFT DER „FORCE DE FRAPPE"

Wie die vorherigen Kapitel gezeigt haben, lassen sich sowohl der Aufbau als auch die letztendliche Existenz der „force de frappe" gewissen außenpolitischen Vorstellungen Charles de Gaulles unterordnen: Das anfangs genannte Bild der „Prinzessin des Märchens", das er verwendete, um seine Sicht auf Frankreich zu beschreiben, kann an dieser Stelle leicht mit seinen außenpolitischen Schachzügen in Verbindung gesetzt werden. Eine Prinzessin ist etwas Besonderes, muss verteidigt, geschützt werden. Sie steht für Größe und kann als unabhängig im Bezug auf andere bezeichnet werden. Die „force de frappe" vollbringt alle genannten Pflichten, um der „Prinzessin Frankreich" zu dienen. Sei es durch Verteidigung des Landes durch militärische Akte oder Abschreckung, sei es durch Schutz durch vage Andeutungen einer nuklearen Zusammenarbeit mit der BRD oder durch die Möglichkeit des Auslösens eines Atomkriegs, was jeweils zu Unterstützung seitens anderer Länder führt. Die Größe und Unabhängigkeit Frankreichs wird durch die „force de frappe" gewahrt. Der Weg bis zu ihrer Existenz wurde mit Merkmalen von Soft Power und Hard Power bestritten, durch Attraktion und Überredung, aber auch durch Drohung und Zwang. Sie selbst vertritt ebenfalls gewisse Merkmale der Hard Power und ermöglicht hierdurch das Verfolgen gaullistischer außenpolitischer Ziele mittels Smart Power. Zweifellos hat die „force de frappe" Frankreich bis heute beeinflusst, Frankreich gilt nach wie vor als offizielle Atommacht und auch einige ihrer Zwecke, die auf Gedanken de Gaulles fußten, haben auch heute noch ihre Existenzberechtigung. Doch stellt sich die Frage, wie die Zukunft der „force de frappe" aussehen wird. Die Weltmächte setzen es sich zum Ziel, ihre Nuklearwaffen abzurüsten, man ist sich ihrer letalen Kraft bewusst und es bleibt unsicher, ob heutige globale Krisen unter jenen Voraussetzungen, die sie bestimmen, durch Atomwaffen lösbar sind. François Hollande spricht sich für ihren Erhalt in Frankreich aus, betont ihre Nützlichkeit als Mittel der Abschreckung, doch muss sich die Frage gestellt werden, ob dies der tatsächliche und richtige Weg zu Versöhnung und Frieden ist.

4. QUELLENVERZEICHNIS

4.1. LITERATUR

von Bredow, Wilfried (Hg.) / Woyke, Wichard: „Die Außenpolitik Frankreichs - Eine Einführung". Wiesbaden: VS Verlag für Sozialwissenschaften 2010.

Dams, Catrin: „Der Aufbau der Force de Frappe unter Charles de Gaulle (1959-1969) und die weitere Entwicklung bis in die Gegenwart". München: Grin Verlag GmbH 2005.

Mahan, Erin R.: „Kennedy, de Gaulle, and Western Europa". Basingstoke/New York: Palgrave Macmillan 2002.

Nye, Joseph S. Jr.: „Macht im 21. Jahrhundert: Politische Strategien für ein neues Zeitalter". München: Siedler Verlag 2011.

Nye, Joseph S. Jr.: „Soft Power: The Means to Success in World Politics". New York: PublicAffairs 2004.

O.A.: „Ausland - NATO - MLF - Kleiner Finger" in: DER SPIEGEL (Nr. 5/1965). Hamburg: Spiegel-Verlag 1965.

O.A.: „Charles de Gaulle - Wechselgeld" in: DER SPIEGEL (Nr. 25/1959). Hamburg: Spiegel-Verlag 1959.

Patterson, Archie R. Jr.: „The Force de Frappe: A US Viewpoint". O.O: O.V 1966.

Wolfe, Thomas W.: „Soviet Commentary on the French ‚Force de Frappe'". O.O: O.V 1965.

4.2. INTERNET (GEORDNET NACH ERSCHEINEN IN DER SEMINARARBEIT)

Jourdier 2015: http://www.magistro.fr/index.php/template/lorem-ipsum/en-france/item/2107-reflexions-sur-la-dissuasion (zuletzt abgerufen: 06.11.2016, 13:21).

O.A. O.J. (a): http://www.charles-de-gaulle.org/pages/l-homme/accueil/discours/le-president-de-la-cinquieme-republique-1958-1969/allocution-a-l-ecole-militaire-15-fevrier-1963.php (zuletzt abgerufen: 05.11.2016, 17:58).

O.A. O.J.(b): https://fr.wikipedia.org/wiki/Mémoires_de_guerre (zuletzt abgerufen: 05.11.2016, 18:05).

Große Hüttmann O.J.: http://www.bpb.de/nachschlagen/lexika/177268/soft-power (zuletzt abgerufen: 06.11.2016, 14:45).

Krause 2016: http://www.deutschlandfunk.de/frankreichs-nuklearstrategie-strahlende-altlasten-in.724.de.html?dram:article_id=358932 (zuletzt abgerufen: 06.11.2016, 18:23).

Petersen 2013: http://www.y-punkt.de/portal/a/ypunkt/!ut/p/c4/LYvBCsIwEET_KNugUuhNEdEelOJB24ukTShL0k0IG4vgx5uAM_AubwYGyCX1xlkxellOntBP2lyrGFdtXp-QyLJQIpNxTgTvkNHCo9y0EZMnw4VsiDFzjop9zLvIrpgUYzYCNfSVPB7kRlb_yG99787tUG93I-vpBmFZ9j-KpcAC/ (zuletzt abgerufen: 01.11.2016, 17:51).

O.A. 2015(a): http://www.atomwaffena-z.info/heute/atomwaffenstaaten/frankreich/aktuelles-frankreich/artikel/2ee68069f5/frankreich-haelt-an-nuklearer-abschreckung-fest.html (zuletzt abgerufen: 03.11.2016, 16:31).

O.A. O.J.(c): https://www.aref.de/kalenderblatt/mehr/atomwaffensperrvertrag.htm (zuletzt abgerufen: 06.11.2016, 10:50).

O.A. 2015(b): http://www.elysee.fr/declarations/article/discours-sur-la-dissuasion-nucleaire-deplacement-aupres-des-forces-aeriennes-strategiques-istres-3/ (zuletzt abgerufen: 05.11.2016, 16:17).